FARBENRAUSCH

Zauberhafte Dekorationen für Herbst und Winter

Angelica Linnhoff

BUSSECOLLECTION

Angelica Linnhoff

FARBENRAUSCH

Zauberhafte Dekorationen für Herbst und Winter

BUSSECOLLECTION

Dieses Buch widme ich meiner
geliebten Oma Florica

VORWORT

In das Reich der Farben möchte ich Sie entführen, Ihnen zeigen, dass das Leben bunt ist, dass die Natur uns mit einem Füllhorn an Schätzen von Blüten und Farben beschenkt. Und das auch im Herbst und Winter.
Für den, der gerne arrangiert, eine unerschöpfliche Quelle der Inspiration. Was für eine Vielfalt! Lassen Sie sich verzaubern von den intensiven Nuancen. Kombinieren Sie nach Lust und Laune, so entstehen im Nu phantasievolle Szenen. Und solch farbenfrohe Szenen entstehen bei mir fast jede Woche aufs Neue. Ich liebe Blumen in allen Formen und Farben, ich umgebe mich gerne mit farbenfrohen Arrangements und ich fotografiere leidenschaftlich gerne. Aus meinem Hobby wurde Beruf, und weil ich für nationale und internationale Bildagenturen fotografiere, wird unser Haus und der Garten wöchentlich frisch dekoriert. Meine Bilder erscheinen weltweit in namhaften Magazinen, Büchern, in Kalendern und auf Postkarten.

Angelica Linnhoff

WILLKOMMEN

WILLKOMMEN

in meinem farbenfrohen Herbst

Der Sommer verabschiedet sich und macht Platz für den Herbst. Noch genießen wir wunderschöne, sonnige Tage und lauwarme Abende auf der Terrasse. Bunte Dahlien schmücken den Gartentisch, überall auf der Terrasse stehen prachtvolle Blumensträuße und selbst gebundene Kränze heißen die Gäste herzlich willkommen. Jetzt ist auch die perfekte Zeit für die Suche nach alten Schätzen und neuen Inspirationen für romantische Herbstdeko, denn die Tage werden kürzer und bald werden wir uns mehr und mehr ins Haus zurückziehen, um es uns dort gemütlich zu machen.

DER HERBST IN ROT

Meine Lieblingsfarbe ist Rot.
Rot wirkt warm, dynamisch und wohnlich. Leuchtendes Rot rückt Accessoires in den feurigen Mittelpunkt: rote Dahlien, Beerenzweige und Zieräpfel werden in kleinen Arrangements zum Tafelschmuck.

TRAGEKISTE IM SHABBY-LOOK

Meine Tragekiste verdanke ich einem Zufall. Eine Nachbarin hatte wohl keine Verwendung mehr dafür und stellte sie in noch sehr gutem Zustand an den Straßenrand. Mein Glück! Im Vorbeigehen sah ich die Kiste und nahm sie mit. Derzeit sind solche Boxen im Trend und sehr beliebt, besonders bei den Anhängern des Shabby Chic. Hier dekorierte ich mit roten Dahlien und Zierapfelzweigen in kleinen Dosen, die ich in die Kiste stellte.

IDEEN FÜR KAHLE WÄNDE

Kahle Wände sind ein klassisches Wohnproblem – und ein Glücksfall zugleich, wenn man sie zu nutzen versteht: Als Bühne für ausgewählte Lieblingsstücke, die auf freien Flächen erst richtig zur Geltung kommen.
Aber nicht nur für Innenräume sind sie eine gute Idee, sondern auch für Wände auf Balkon und Terrasse. Meine Idee ist ganz simpel und lässt sich sehr leicht umsetzen:
Auf einem Spaziergang im Wald habe ich diesen langen Ast gefunden. Mein Ehemann hat ihn mit zwei Schrauben an der Holzwand befestigt, die Nägel habe ich selbst rein geschlagen und dann meine Lieblingstücke daran aufgehängt. Die kleinen Glasflaschen habe ich mit Floristen-Draht umwickelt.
Mit den Farben und Blüten der Saison wechselt die Dekoration häufig.
Auf Seite 55 finden Sie eine Variante dieser Deko-Wand.

DER HERBST IN PASTELL

Dahlien, Strohblumen, Zieräpfel und Holunderbeeren vereinen sich zum romantischen Stelldichein. Alte Blumentöpfe, Dosen und leere Schneckenhäuser setzen dabei schöne Akzente. Manchmal können eben ganz kleine Dinge eine ganz große Wirkung haben.

DAHLIEN UND CALLICARPA

Kleine Arrangements aus Dahlien und Callicarpa bringen die kühlere Jahreszeit zum Leuchten.

SCHNELLE "WINDBEUTEL"

ruck, zuck gemacht

ZUTATEN

- 1 Packung Blätterteig, tiefgefroren oder frisch
- 1 Packung Paradiescreme
- 200 g frisches Obst, z. B. Erdbeeren oder Himbeeren
- Puderzucker zum Streuen

ZUBEREITUNG

Blätterteig in Quadrate schneiden oder rund ausstechen.
Nach Anleitung backen.
Inzwischen Paradiescreme nach Anleitung zubereiten, das Obst klein würfeln und unter die Paradiescreme mischen.
Die gebackenen Blätterteigstücke abkühlen lassen und jeweils in zwei Hälften schneiden.
Mit Creme füllen und mit Puderzucker bestreuen.

Ruck, zuck gemacht und schmeckt fantastisch.

HÜBSCHE GESCHENKE

In dieser Jahreszeit verschenke ich gerne Dahlien-Sträuße und kleine, mit Nüssen gefüllte Körbchen.

ZAUBERHAFTE DAHLIEN IN BICOLOR

Auf Blumenfeldern findet man hin und wieder auch diese entzückenden zweifarbigen Dahlien. Als einzelne Blüte oder zu zweit in kleinen Vasen arrangiert, entfalten sie ihre ganze Schönheit.

spiration in Weiß

DAHLIEN UND ASTERN

Im Spätsommer-Garten beglücken uns Dahlien und Astern in zarten Violett- und Rosatönen mit ihrer würdevollen Eleganz.

DAS FENSTER ZUM GARTEN

Ein altes Holzfenster als Deko-Objekt im Garten, umrahmt von Blumen und Blüten. Die Suppenkellen wurden zweckentfremdet und dienen als Bühne für die prachtvollen Dahlien. Eine Idee, die sich im Nu umsetzen lässt. Auf Seite 137 finden Sie die winterliche Variante des Fensters zum Garten.

COLOUR BLOCKING

… funktioniert auch im Herbst. Dahlien in Rosa, Gelb und Orange, kombiniert mit Kürbissen und Kerzen in korrespondierenden Farben, führen auf dem Gartentisch zu einer wahren Farbexplosion.

BLAUE VITAMINBOMBEN

Blaubeeren, die zum Naschen verführen und zum Backen von Muffins anstiften. Die sind mit Blaubeersauce und Sahne ein Hochgenuss.

MUFFINS MIT HEIDELBEEREN

ZUTATEN

- 270 g Mehl
- 2 TL Natron oder Backpulver
- 1 Prise Salz
- 100 g Zucker
- 1 TL Vanillezucker
- 80 ml Pflanzenöl
- 2 Eier
- 250 g saure Sahne
- 100 g Kakao
- 100 g Heidelbeeren und 100 g Heidelbeeren für die Soße
- flüssige Sahne
- Fett für die Förmchen

ZUBEREITUNG

Zuerst jeweils die trockenen Zutaten (Mehl, Natron, Salz und Zucker) und die feuchten Zutaten (Öl, Eier und Sahne) miteinander vermengen. Dann alles zusammengeben und kurz mit dem Holzlöffel verrühren, sodass gerade noch kleine Mehlflecken zu erkennen sind.

Je nach Belieben Früchte, Nüsse oder andere Zutaten hinzugeben.

Eingefettete Muffinförmchen oder Tassen zu zwei Dritteln mit dem Teig befüllen und in den vorgeheizten Ofen stellen, am besten bei 190 °C (Umluft) in 15 Minuten fertig backen.

Für die Soße 100 g Heidelbeeren pürieren und mit flüssiger Sahne vermengen, ein wenig Zucker unterrühren.

DER HERBST IN PURPURROT

Wenn der Herbst Einzug hält, sind wir jedes Mal aufs Neue überwältigt von seinen opulenten Stimmungsbildern und satten Farben. Wir laden ein unter dem Motto „Purpurroter Rausch“, und wie es scheint, hat sich der Herbst einmal wieder selbst übertroffen und verwöhnt uns mit traumhaften Dekorationen.

INDIAN SUMMER

Ein Augenschmaus in Prachtfarben.
Inspiriert hat mich
die Schönheit der Natur.

BEEREN-ROMANZE

Zu den größten Herbstvergnügen zählt es, in der Natur die Schätze dieser Jahreszeit zu sammeln. Besonders geformte und gefärbte Blätter, Beeren, Blüten und Früchte lassen sich in gläsernen Vasen zu herrlichen Sträußen improvisieren, die einen schnell dekorierten Tisch verschönern, falls sich jemand spontan als Gast zum Kaffee angemeldet hat.

APFELFEST

Noch sind die Temperaturen im Garten angenehm mild.
Deshalb dekoriere ich einen Tisch mit Dahlien und Äpfeln und genieße das Arrangement bei einem Stück Apfelkuchen im Sonnenschein.
Mit Äpfeln aus dem eigenem Garten schmeckt der Kuchen besonders lecker. Einige Früchte bleiben am Baum, denn die sind für unsere gefiederten Gäste, die in unserem Gärtchen sehr willkommen sind. „Welcome birdies" wäre ja richtig, da hat sich jemand aus Versehen verschrieben. Den Vögelchen ist das egal, Hauptsache, sie finden was Fruchtiges zum Picken.

APFELKUCHEN MIT STREUSELN

ZUTATEN

Für den Teig:

- 500 g Mehl
- 2 ½ gestr. TL Backpulver
- 1 Päckchen Vanillezucker
- 2 Bio-Eier
- 200 g Butter

eine 26er Springform

ein wenig Fett für die Form

Für die Füllung

- 1 kg Äpfel (Boskop)
- 50 g Zucker
- 1 Päckchen Vanillezucker
- 1 TL Zimtpulver
- Saft von einer Zitrone
- 100 g Rosinen

ZUBEREITUNG

Backofen auf 180 °C Ober/Unterhitze vorheizen.

Das Mehl und das Backpulver in einer Rührschüssel miteinander vermengen. Zucker, Vanillezucker, Eier und Butter hinzufügen und alles mit einem Mixer zu Streuseln verarbeiten.

Backform einfetten. 2/3 der Streusel auf dem Boden der Backform verteilen und andrücken, dabei einen etwa 3 cm hohen Rand formen.

Die Äpfel schälen und in Spalten schneiden. Die Apfelspalten mit Zitronensaft, Zucker, Vanillezucker, Zimt und Rosinen vermengen und auf dem Boden verteilen. Die übrigen Streusel darauf geben.

Die Form auf dem Rost in den Backofen schieben und 50 Minuten backen.

DER HERBST IN LILA

Dahlien in Weiß-Lila und schöne Accessoires schmücken die Wand.

DER HERBST IN WEISS

Weiße Kürbisse lassen sich effektvoll präsentieren auf einer Tortenplatte, umrahmt von Rosenblüten und verschiedenen grünen Blättern. Ich verwende auch gern Obst als Dekoration, die man dann später genussvoll verzehren kann.

BAROCKE ELEGANZ

Diese Deko erinnert an vergangene Zeiten, als Damen des Barocks in ihren prächtigen Kleidern einen Ausflug machten in nahegelegene Parks und Wälder. Bedienstete packten bequeme Decken und Kissen ein, Köstlichkeiten für einen Imbiss auf feinstem Porzellan und frisch gepflückte Blumen aus dem Schlossgarten, um den Damen den Ausflug zu versüßen.

Wenn Sie ein Stadtmensch sind, und barock anmutendes Porzellan besitzen, dann gönnen Sie sich doch einmal einen solchen freien Tag im Park und träumen Sie von vergangenen Zeiten.

DER HERBST IN GELB

Man nehme ein paar Blumen in verschiedenen Gelb-Nuancen und drei Zierkürbisse. Fertig ist das Stillleben am Teich.

DER HERBST IN ORANGE

Dafür braucht man wirklich nicht viel. Zweige vom Baumwürger, Rosa Pfeffer und Windlichter oder Kerzen in Orange.
Die Strohblumen werden mit Heißkleber an die Zweige geklebt.

HAPPY HALLOWEEN!

Bei uns wird Happy Halloween gefeiert im wahrsten Sinne des Wortes. Also happy – und nicht gruselig. Dafür werden die Fratzengesichter mit Beeren und Blüten verziert und die Treppe zum Eingangsbereich wird mit geschnitzten Kürbissen, Dahlienblüten und Kerzen beschmückt.
Und natürlich servieren wir eine köstliche Kürbissuppe.

KÜRBISSUPPE

... einfach lecker!

ZUTATEN

- 2 kg Hokkaidokürbis, geschält
- 500 g Möhren
- 1 kg Kartoffeln
- 2 Zwiebeln
- 2 EL Butter
- 2 Liter würzige Hühnerbrühe
- 200 ml Milch oder Sahne
- Salz und Pfeffer

ZUBEREITUNG

Kürbisfleisch und geschälte Möhren, Zwiebeln und Kartoffeln in kleine Stücke würfeln.

Butter erhitzen und die Zwiebelwürfel darin andünsten. Brühe hinzufügen und aufkochen lassen. Jetzt Kürbis, Möhren und Kartoffeln zugeben und darin garen. Mit Salz und Pfeffer würzen. Ca. 45 Min. köcheln lassen, dabei die Hitze auf kleine Stufe herunter stellen.

Mit einem Pürierstab die Suppe pürieren und abschmecken.

Heiß servieren. Wer mag, kann vor dem Verzehr noch (geröstete) Kürbiskerne darüber streuen.

TIPP

Wenn man statt Milch Sahne nimmt, wird die Suppe noch cremiger.

SCHÖNE DINGE *leicht gemacht*

KÜRBISSE MIT SERVIETTEN-TECHNIK VERZIEREN

BENÖTIGTE MATERIALIEN

- Serviette mit Motiv
- Serviettenkleber für Innen oder Außen (Bastelgeschäft)
- Spitze Schere

ANLEITUNG

Bei der Serviettentechnik wird immer mit der ersten / obersten dünnen Lage der Servietten gearbeitet. Am besten schneiden Sie das Bildmotiv aus und positionieren es auf Ihren Gegenstand. Streichen Sie anschließend ganz vorsichtig mit einem weichen Pinsel den speziellen Serviettenkleber von der Mitte nach außen. Trocknen lassen, fertig.

Serviettentechnik ist ganz einfach zu erlernen und in jedem Alter ein toller Bastelspaß.

KÜRBISSE FRÄSEN

SCHÖNE DINGE *leicht gemacht*

KÜRBIS-LATERNE: LEUCHTENDE PUNKTE ALL OVER

Kürbis zuerst mit Wasser und Spülmittel reinigen. An der Rückseite des Kürbis eine Öffnung so schneiden, dass ihre Hand da durch passt. Mit einem Löffel Fasern und Kerne entfernen. Löcher mit einer Bohrmaschine (Akkuschrauber geht auch) bohren, Stärke 8 bis 12.
Die Kürbisraspeln, die dadurch entstehen, heraus holen und nochmal den Kürbis säubern. Ein großes LED-Licht verwenden statt eines Teelichts, der Kürbis ist nämlich hitzeempfindlich. Für Glanz und Haltbarkeit benutze ich Haarspray. Sollte der Kürbis draußen stehen und ein paar Regentropfen abbekommen, wickeln Sie das LED-Licht in Klarsichtfolie.

ES WIRD GEMÜTLICH

Ab November, wenn Tristesse in den Garten einzieht, avanciert unser Wohnzimmer wieder zum Ort der Gemütlichkeit. Der Kamin knistert, es wird musiziert und man entspannt bei Tee und Nusslikör vor dem flackernden Holzfeuer.

„Der Weg zum Himmel führt an der Teekanne vorbei."

Englisches Sprichwort

AFTERNOON TEA

Nach dem Spaziergang durch die herbstlich-bunte Heide erfrischen wir uns mit einer guten Tasse Tee.
Formschöne Teekannen und antike Sammeltassen sind fester Bestandteil unserer nachmittäglichen Teestunde und zudem von mir geliebte Sammelobjekte.

TRANSSILVANISCHE KEKSWÜRFEL

ZUTATEN

- 3 Pakete Butterkekse
- 200 g Butter
- 250 ml Wasser
- 150 g Zucker
- 150 g Instant-Kakao
- 1 Päckchen Bourbon-Vanille-Zucker
- 2 Röhrchen Rum-Aroma
- 1 Schuss Jim Beam Bourbon Whiskey (wer´s mag)

ZUBERFITUNG

Das Wasser zum Kochen bringen, von der Kochstelle nehmen, die Butter darin schmelzen lassen, Zucker, Vanille-Zucker, Instant-Kakao und das Rum-Aroma zufügen, gut rühren bis der Zucker gelöst ist.

Die Butterkekse in einem großen Gefäß fein zerbröseln. Dann die Kakao-Sirup-Masse über den Keksen verteilen und gut mischen. Das Ganze auf Frischhaltefolie in einer Backform gleichmäßig verteilen. Über die Nacht in den Kühlschrank stellen.
Am nächsten Tag ist die Masse fest und kann in Würfel geschnitten werden. Kühl aufbewahren.

Cognacfarbener Gaumenschmeichler und Kaffeeduft:

WALNUSS-LIKÖR

Ein erlesenes Tröpfchen, das ich mir hin und wieder vor dem lodernden Kaminfeuer gönne, mal pur oder als Schuss in einem frisch gebrühten heißen Espresso. An kleinen Leckereien komme ich leider nicht vorbei, also muss ein Schoko-Macaron auch noch dazu. Hmmm, was für ein Genuss, eine Geschmacks-Offenbarung für meinen Gaumen. Den köstlichen Likör habe ich von meiner Freundin Birgit bekommen. Ein herzlicher Dank an dich, liebe Birgit, auch für das tolle Rezept.

Walnusslikör muss bereits im Sommer angesetzt werden, wenn die Nüsse noch grün und unreif sind.

Im Juni 2015 hatte ein Gewittersturm so viele grüne Walnüsse abgerissen von unserem Baum ... da hab ich aus der Not eine Tugend, oder besser gesagt: einen Likör, gemacht!

WALNUSSLIKÖR

ZUTATEN

Man nehme

- 15-20 grüne Walnüsse (sollten so um Johanni, 24. Juni, geerntet werden),
- 500 g Kandis,
- Zimtstange und
- 2-3 Nelken (nach Geschmack weitere Gewürze wie z.B. Sternanis, Vanille, Anis …),
- 1 Liter Alkohol (Korn, Wodka etc.).

ZUBEREITUNG

Die Nüsse waschen und vierteln (unbedingt Handschuhe tragen), mit Kandis und den Gewürzen in ein großes Schraubglas geben und mit Alkohol übergießen. 6-8 Wochen in die pralle Sonne stellen und zwischendurch durchschütteln oder umrühren. Nach der Ruhezeit durchsieben, eventuell nachsüßen und in Flaschen füllen. An einem dunklen Ort reifen lassen. Pünktlich zu Weihnachten ist der Likör genussfertig.

Schmeckt auch gut über Vanilleeis oder als tägliches Gläschen zur Förderung der Verdauung. Wohl bekomm´s!

DIE LÜNEBURGER HEIDE IM HERBST

Feiner Sand knirscht leicht unter der Schuhsohle, die borstigen Zweige der Zwergsträucher kratzen an den Beinen. Irgendwo blöken die Heidschnucken. Ein Teppich von rosarot blühender Heide liegt über der sanft gewellten Landschaft. Bizarre Wacholderbüsche strecken ihre stacheligen Zweige zur Sonne. Der herbe Duft der schwarzen Beeren erfüllt die noch warme Mittagsluft. Wandern auf dem Heidschnuckenweg ist ein Festival für die Sinne.

DER ERSTE FROST

Wenn der Raureif Gräser, Samenstände, Blätter und die letzten Blüten mit einer glitzernden Schicht aus Eiskristallen überzieht, zeigen sich der winterliche Garten und die Natur von ihrer schönsten Seite.

WILLKOMMEN
Hallo!

WILLKOMMEN LIEBER WINTER

So mögen wir dich am liebsten, im weißen Gewand von Schneeflöckchen umrahmt.

Nach dem farbenfrohen Herbst haben Sie es vielleicht bemerkt: ich habe eine Schwäche für Blumen und Farben. Auch der Winter wird sehr farbenfroh sein. In der Weihnachtszeit liebe ich das ganz besonders. Der Garten schmückt sich mit roten Kugeln und im Haus wird bunt dekoriert. Kleine und große Deko-Inseln schmücken Fensterbänke, Tische und Kommoden. Das Prasseln und Knacken des Feuers erfüllt das Wohnzimmer, seine Wärme das ganze Haus, Kerzenlicht und Tannenduft sorgen für winterliche Atmosphäre.

6

BARBARATAG, 4. DEZEMBER

Ein buntes Treiben: Barbarazweige. Ein schöner, alter Brauch ist das Schneiden von Frühblühern am Barbaratag. In wenigen Wochen stehen sie in Blüte und versprühen einen Hauch von Frühling.
Damit sich die Knospen rechtzeitig zu Weihnachten öffnen, schneidet man die Zweige traditionell am 4. Dezember und stellt sie zum Antreiben in einem nicht allzu warmen Raum in Wasser. Erst wenn die Knospen aufbrechen, sollte man die Vase ins warme Wohnzimmer holen. Der Klassiker ist die Kirsche, funktioniert aber auch bestens mit den Trieben von Zierquitte, Apfel, Schlehe, Forsythie und Kornelkirsche. Zum Antreiben eigenen sich vor allem kräftige Zweige mit gut ausgebildeten Knospen. Schräg anschneiden, sodass eine möglichst lange Schnittstelle entsteht.

Mein Tipp:
Zierquitte. Fast 4 Wochen dauert die Blüte. Ein paar Blüten aus Stoff oder Filz an den Zweigen befestigen, und sie lassen uns den tristen Winter fast vergessen.

Der Adventskalender,
24 Tage gefüllt mit Vorfreude

STIMMUNGSVOLLE ADVENTSZEIT

Kurz vor dem 1. Advent geht es richtig los – wir basteln und backen, der Adventskranz wird geschmückt, der Adventskalender bestückt und Haus und Garten werden stimmungsvoll dekoriert.

DAS LEBKUCHEN-HAUS 2.0

– ganz aus Schokolade.

Nicht immer haben wir die Zeit, ein Lebkuchenhaus zu backen.
Da ist ein gekauftes Hexenhaus aus Schokolade eine willkommene Alternative.
„Hänsel und Gretel" werden zuerst verspeist, und dann Stück für Stück der Rest vernascht.

DER WINTER IN SILBER UND WEISS

Schöne silberne Accessoires und weiße Blüten verbreiten ein besonders festliches Flair.
Die Kombination Weiß-Silber ergibt einen eleganten glanzvollen Weihnachtslook.

SCHÖNE DINGE *leicht gemacht*

ZAPFEN MIT GLITTER

BENÖTIGTE MATERIALIEN

Zapfen in allen Formen und Größen, Glitter in verschiedenen Farben, Kinder-Bastelkleber, Flachpinsel.
Ich bevorzuge Kinder-Bastelkleber (ungiftig, lösungsmittelfrei und wasserlöslich), weil dann auch Kinder mitmachen können ...

ANLEITUNG

Einfach die Zapfen nach Lust und Laune mit Kleber einstreichen, mit Glitter bestreuen, trocknen lassen. Fertig!

DER WINTER IN WEISS-ROSA

... romantisch feminin, inspiriert von den Farben des Sonnenaufgangs im Winter.

DIE TRADITIONELLEN BLÜTENSTERNE

verführen mit neuer Eleganz

Mögen die Hochblätter auch noch so zart wirken, in ihrem frischen Rosa überstrahlt „Lipstick Pink" selbst dunkle Wintertage und gibt bei festlichen Arrangements gerne den Ton an. Zu Hause mag die wärmeliebende Exotin einen hellen Standort ohne direkte Sonneneinstrahlung.
Alle zwei Tage möchte sie mit lauwarmem Wasser gegossen werden, aber bitte Staunässe vermeiden.
Als Schnittblume hält der Weihnachtstern etwa eine Woche lang.

Wichtig:
Den Milchsaftaustritt nach dem Schneiden sofort stoppen.
Hierfür den Stiel nach dem Abschneiden für ca. 60 Sekunden in warmes Wasser und anschließend in kaltes Wasser tauchen, das am besten mit Frischhaltemittel versetzt ist.

MARAVILLA
the art of dining

DER WINTER IN SCHWARZ-WEISS

Aus Liebe zur Gastlichkeit:
Accessoires in Schwarz-Weiß ergänzen sich zu einer glanzvollen Tafel, die vielen Kerzen erzeugen eine mystische Atmosphäre.

Jeden Sonntag wird von meinem Ehemann ein Gugelhupf gebacken. Und sein Geheimnis für diesen charmanten Gugelhupf ist: ein Hauch Winter und Schokolade, serviert mit einer Prise Liebe.

Easy like Sunday morning

CHRISTIANS GUGELHUPF

ZUTATEN

- 300 g Sanella
- 300 g Zucker
- 1 Päckchen Vanillezucker
- 6 Eier
- 450 g Mehl
- 1 Päckchen Backpulver
- 1 Prise Salz
- 150 ml Milch
- 30 g Backkakao

Schokoüberzug

- 100 ml Sahne
- 150 g Zartbitter-Blockschokolade

ZUBEREITUNG

Backofen auf 180 °C (Umluft: 160 °C) vorheizen.

Backform fetten und mit Mehl bestäuben. Sanella, Zucker und Vanillezucker mit den Quirlen des elektrischen Handrührers cremig aufschlagen. Eier nacheinander einzeln unterrühren.

Mehl, Backpulver und 1 Prise Salz vermischen und in 2 Portionen im Wechsel mit der Milch (1-2 EL für den dunklen Teig übrig lassen) kurz unter den Teig rühren.

Zwei Drittel des Teiges in die vorbereitete Form füllen. In den restlichen Teig den Backkakao und 1-2 EL Milch rühren.

Dunklen Teig in die Form geben. Teigschichten mit einer Gabel spiralförmig durchziehen, sodass das charakteristische Marmormuster entsteht. Marmorkuchen im vorgeheizten Ofen im unteren Ofendrittel ca. 60 Minuten backen. Stäbchenprobe machen, am Holzstäbchen darf kein flüssiger Teig haften. Marmorkuchen ca. 15 Minuten abkühlen lassen und aus der Form lösen.

Den Marmorkuchen mit flüssiger Schokolade glasieren oder mit Puderzucker und essbarem Glitter bestäuben. Für den Schokoladenüberzug Sahne aufkochen und gehackte Zartbitter-Blockschokolade unterrühren, schmelzen.

Den Gugelhupf rundum gleichmäßig bestreichen.

DER WINTER IN GOLD

Festliche Stimmung verbreitet der Glanz des Edelmetalls.

Ein süßes Geschenk: Glitzer-Ballerinas

ZIMTSTERNE

ZUTATEN

für 40 Sternchen

- 3 Eiweiß (Bio-Eier)
- 250 g Puderzucker
- 1 Pck. Vanillezucker
- 1 TL Zimt
- 400 g Mandeln mit Haut, gemahlen

ZUBEREITUNG

Backofen vorheizen 140 °C Ober-/Unterhitze

Eiweiß mit dem Mixer sehr steif schlagen. Puderzucker nach und nach dazugeben. Zum Bestreichen der Sterne zwei gut gehäufte Esslöffel Baiser-Masse abnehmen und in einen Spritzbeutel füllen. Vanillezucker, Zimt und die Hälfte der Mandeln vorsichtig mit dem Teigspatel unter die übrige Baiser-Masse heben. Vom Rest der Mandeln so viel unterkneten, bis der Teig kaum noch klebt.

Einen großen Gefrierbeutel aufschneiden, mit etwas gemahlenen Mandeln bestreuen und den Teig darin etwa 1 cm dick ausrollen. Sterne ausstechen (den Sternausstecher immer wieder in Puderzucker tauchen damit er nicht am Teig kleben bleibt) und auf das mit Backpapier ausgelegte Backblech legen. Mit dem restlichen Baiser bestreichen, dafür Spritzbeutel am Rand der Sterne ansetzen, einmal drum herum einen Rand ziehen und Richtung Mitte weiter arbeiten. Für 25 Minuten in den unteren Teil vom Backofen geben.

Die Zimtsterne mit dem Backpapier vom Backblech ziehen und auf einem Kuchenrost erkalten lassen.

DER WINTER IN LILA

Das Haus verwandelt sich in ein lila glänzendes Wunderland. Kleine verspielte Deko-Inseln aus Weihnachtskugeln, Tannenzapfen und einem glitzernden Hirsch werden auf dem Tisch zwanglos dekoriert.
Kleine Windlichter lassen die Szenerie noch romantischer und üppiger wirken.

evian
evian
Christian Lacroix
Christian Lacroix

DER WINTER IN BUNT

Wie wäre es mit X-mas in XXL-Farben? Bunte Tupfer sorgen für gute Laune wenn es draußen grau sein sollte. Das bringt Farbe ins Leben. Ein Spaß in Regenbogenfarben.

ZUCKERSÜSSE GESCHENKIDEEN

Im Advent kneten, rühren und backen wir die ersten Plätzchen – und verpacken sie liebevoll, um anderen damit eine Freude zu machen.

NASCHWERK FÜR ZWISCHENDURCH

Zum vorweihnachtlichen Nachmittagstee bei einer guten Freundin oder als süße Sünde für zwischendurch – meine liebevoll gebackenen Eigenkreationen schmecken einfach himmlisch.

ZITRONENPLÄTZCHEN

ZUTATEN

- 550 g Mehl
- 250 g weiche Butter
- 250 g Zucker
- 3 Bio-Eier
- 125 g Speisestärke
- 1 Päckchen Vanillezucker
- 1 TL Backpulver
- 1 Prise Salz
- 2 Fläschchen Zitronenaroma

ZUBEREITUNG

Backofen auf 210 °C (Ober/Unterhitze) vorheizen.

Butter, Eier, Zucker, Vanillezucker, Salz und Zitronenaroma schaumig rühren. Speisestärke mit Mehl und Backpulver vermischen und nach und nach unterrühren, zum Ende hin mit der Hand gut durchkneten. Der Teig sollte nicht mehr kleben. Teig ausrollen.
Plätzchen ausstechen und auf ein mit Backfolie ausgelegtes Backblech legen. 10 Minuten auf mittlerer Schiene backen. Auf einem Kuchenrost abkühlen lassen.

DER WINTER IN ROT

Rot wie die Leidenschaft! Auffallen, Zeichen setzen mit Akzenten, verführen.
Sie wissen schon ... Rot ist meine Lieblingsfarbe.

In der Küche wird dem festlichen Anlass entsprechend dekoriert. Ganz traditionell in Rot und glanzvoll-liebevoll arrangierte Tafeln verleihen dem Festmenü einen würdigen Rahmen.
Als Blumenschmuck eignen sich weiß blühende Rosen oder rote Amaryllis, die mit Zweigen und Christbaumkugeln kombiniert werden können. Kerzenlicht als Weichzeichner sorgt für schmeichelnde Beleuchtung.
Der Wintermagie kann sich niemand entziehen.
Fantasievolle Dekorationen laden überall zum Verweilen ein.

Glücks-
pilz

Schon einfache Details tragen zur behaglichen Atmosphäre bei.

FARBENFROHE WINTERMAGIE

Im Mittelpunkt der Dekoration, steht der große Weihnachtsbaum, der von drei Seiten zu bewundern ist. Über tausend Lichter und hunderte verschiedene Kugeln erfreuen unsere Augen immer wieder aufs Neue. Seit mehr als zwanzig Jahren sammle ich Christbaumkugeln. Jahr für Jahr kommen neue dazu, immer verschiedene Farben und Formen. Bunt soll es sein, so mag ich den Weihnachtsbaum am liebsten. Nicht normal, sondern außergewöhnlich, dicht geschmückt mit bunten Kugeln.

Je kürzer die Tage, desto länger die heimeligen Sofa-Abende

Kissen, Kerzen und Lampenschirme sind die wirkungsvollsten Accessoires, um mit wenig Aufwand den kompletten Raum zu verändern. Das sich früh verabschiedende Tageslicht wird vom Flammenschein abgelöst, der alles in ein romantisches Licht taucht.

Die Beistelltische neben dem Sofa und Kamin leisten hilfreiche Dienste als Ablage für Lampen, Bücher, Deko und andere Kleinigkeiten.

DRAUSSEN IM GARTEN

Blickpunkte im Schnee. Wenn sich kleine Figürchen mit glitzernden Schneehauben schmücken, wird der Garten zum Märchenreich.

Kleine, große und verspielte Accessoires verwandeln den winterlichen Garten in fantasievolle Bühnenbilder.

Hallo!

EIS-DEKO
INSPIRATION FÜR DRAUSSEN

Nicht nur im Herbst lassen sich aus Früchten und Blumen des Gartens die schönsten Dekorationen zaubern. Auch Eis, Schnee und Frost regen zu kreativen Ideen an, die zumindest das Herz zum Schmelzen bringen. Aber so viel ist auch klar: Diese hübsche Objekte sind vergänglich …

WINDLICHTER

Blüten und Blätter eigenen sich besonders gut. Der Trick dabei ist, Sie beginnen mit dem Einfrieren schon im Herbst, nur so haben Sie den nötigen Blütenbestand in allen Farben und Größen zur rechten Zeit. Vorausgesetzt, Ihre Tiefkühltruhe ist groß genug.

MEIN TIPP:

Dahlienblüten und Chrysanthemen eignen sich am besten. Bei Minusgraden draußen auf einem Gartentisch mit Tannenzweigen dekorieren, mit einem Teelicht von innen beleuchten.

SO WIRD ES GEMACHT:

Die Blüten und Blätter in einem Kunststoff-Topf/Schüssel dicht an dicht anordnen, in die Mitte einen Joghurtbecher, mit kleinen Steinen befüllt, einsetzen. Wasser vorsichtig einfüllen und ab damit in die Tiefkühltruhe.

SCHÖNE DINGE *leicht gemacht*

EISKRÄNZE

Dafür benötigen Sie eine Kunststoff-Schüssel, Blüten von Dahlien oder Chrysanthemen und Orangenschalen, die vorher mit einer Plätzchen-Ausstechform ausgestochen wurden. Die Blüten und Orangenherzen einlegen und mit Wasser befüllen, aber nur so viel, dass die Zutaten bedeckt sind.

Für das Hängeloch nehmen Sie einen Joghurtbecher und beschweren den mit kleinen Steinchen.

Vorsichtig in die Tiefkühltruhe stellen, damit nicht alles hin und her rutscht. Bei Minusgraden draußen aufhängen.

EISTÖRTCHEN

Muffin-Förmchen mit Vaseline oder Speiseöl einfetten und Glitter rein streuen.
Mit Wasser befüllen und gefrieren lassen.

MEIN TIPP:

Am besten alle Formen und Flächen die mit Wasser in Kontakt kommen mit Speiseöl einfetten und möglichst destilliertes Wasser verwenden.

SCHÖNE DINGE *leicht gemacht*

EISANHÄNGER IN GLOCKEN- UND HERZFORM

Dafür habe ich meine Keksausstecher verwendet.
Auf einem Backblech mehrere Keksformausstecher ausbreiten und bis Oberkante des Keksausstechers mit Wasser befüllen. Wer es mag, kann das Wasser auch mit einem Schuss Saft als besonderen Effekt einfärben. In einige Förmchen habe ich Herzen und Sterne aus Orangenschale gelegt und mit einer Kordel zum Aufhängen versehen. In der Tiefkühltruhe über Nacht gefrieren lassen. Wenn alles fest ist, kann man die Formen aus dem Eis lösen mit Hilfe eines kleinen Hammers. In der Keksform haben Sie dann immer noch das Eis, legen Sie es für ein paar Minuten bei Zimmertemperatur wieder auf das Blech, es löst sich von allein. Mit Ihren „Keks-Kreationen" können Sie auch einen Eiskranz verzieren. Den fertigen Eiskranz leicht mit Wasser benetzen, die „Eis-Kekse" darauf verteilen und wieder für einige Stunden im Tiefkühlfach gefrieren lassen.

LIEBE UND GLÜCK ZUM NEUEN JAHR

Schenken Sie besonderen Menschen und sich selbst Zuversicht für das kommende Jahr mit amüsant-charmanten Präsenten und Dekorationsideen.

Schwein muss man haben!
Das lustige Ferkel hat es sich auf einem weichen Moosbett bequem gemacht und schnuppert neugierig an Wachsblüten.

Symbole voller Optimismus geleiten uns frohgemut durch die Silvesternacht und versprechen gutes Gelingen.

watch·it
QUARTZ

Viel Glück

HIMMLISCHER WINTERTRAUM

Wenn es die Engel gut mit uns meinen, dann beschenken sie uns mit strahlend blauem Himmel. An diesen Tagen machen wir ausgiebige Spaziergänge, genießen draußen die Sonne, und alles, was glitzert und glänzt, wird fotografiert.

VERZAUBERTE LANDSCHAFT

Durch den Wald, vorbei an Pferdewiesen, laufen wir durch frisch gefallenen Schnee. Es ist besonders still draußen, der Duft von Schnee liegt in der Luft und plötzlich fallen dicke weiße Schneeflocken wie Federn vom Himmel herab. Unser großer Wunsch von White Christmas ging in diesem Jahr zum Glück in Erfüllung.

DANKE

Einen herzlichen Dank an das Busse Collection Team für die tolle Unterstützung und an alle, die in diesem Moment dieses Buch in den Händen halten und lesen.

Etwas über mich:

Vielen Menschen graut es schon beim Namen ...Transsilvanien!
Seit Bram Stokers Roman *Dracula* (1897) kennt die ganze Welt diese Gegend als Heimat einer der schrecklichsten Gruselfiguren aller Zeiten. Und tatsächlich erinnern gotische Schlösser und nebelverhangene Landschaften an die Kulissen eines Horrorfilms.
Und genau hier, im Herzen Transsilvaniens, bin ich geboren und aufgewachsen.
In Cluj-Napoca, mit 300.000 Einwohnern die größte Stadt der Region, mit prachtvoller historischer Architektur und einer blühenden studentischen Kunstszene. Aber Transsilvanien hat nicht nur Städte, die mit Kultur punkten, eine Vampir-Burg, Kirchen und Dörfer mit mittelalterlichem Charme. Transsilvanien beeindruckt auch mit Natur pur, mit Schluchten, Tälern und Bergen in den Karpaten. Nirgendwo sonst in Europa leben so viele Wölfe, Luchse und Bären wie in Transsilvaniens Wäldern.

Von Transsilvanien in die Lüneburger Heide
Der Liebe wegen wohne ich zusammen mit meinem Ehemann und unseren Kindern seit nun mehr als 20 Jahren in der Lüneburger Heide. Diese Naturlandschaft punktet genau wie Transsilvanien mit wunderschönen Wanderwegen, Flussauen, dunklen Heidebächen mit kaltem, klaren Wasser, urwaldartigen Wäldern und rosarot blühender Heide. Eine der ältesten und ursprünglichsten Naturlandschaften Deutschlands.

Angelica Linnhoff

Fotos und Text: Angelica Linnhoff
Layout: Karin Stückemann
Druck und Herstellung: DZS Grafik, Ljubljana/Slowenien
ISBN 978-3-512-04075-7